자기를지켜 더럽히지않은 다니엘

목 차

1. 포로로 끌려간 유다의 소년

말씀듣기

1. 바벨론의 왕이 유다를 침략하여 유다의 왕은 포로로 잡혀갔어요.
2. 바벨론의 왕은 예루살렘 성전에 있던 하나님의 성물들을 훔쳐갔어요.
3. 유다의 자손들 중에, 왕족의 소년들도 포로로 끌려갔어요.

하나님의 말씀을 듣고, 따라서 쓰고, 외워보세요

그들 가운데는 유다 자손 곧 다니엘과 하나냐와 미사엘과 아사랴가 있었더니

(다니엘 1:6)

2. 왕의 음식을 거절한 다니엘

말씀듣기

1. 느부갓네살 왕은 유다에서 끌려온 소년들에게 왕의 음식을 먹게 했어요.
2. 다니엘은 하나님을 섬기지 않는 왕의 음식을 먹지 않기로 다짐했어요.
3. 하나님께서 다니엘이 환관장에게 은혜와 긍휼을 얻게 하셨어요.

하나님의 말씀을 듣고, 따라서 쓰고, 외워보세요

다니엘은 뜻을 정하여 왕의 음식과 그가 마시는 포도주로 자기를 더럽히지 아니하리라 하고

(다니엘 1:8)

3. 느부갓네살 왕의 꿈을 풀어주다

말씀듣기

1. 느부갓네살 왕은 불길한 꿈을 꾼후에 잠을 이루지 못하였어요.
2. 왕은 자기의 꿈을 풀어주지 못하는 신하들을 죽였어요.
3. 다니엘은 은밀한 것을 알려주시는 하나님을 증거하며 꿈을 풀어주었어요.

하나님의 말씀을 듣고, 따라서 쓰고, 외워보세요

오직 은밀한 것을 나타내실 이는 하늘에 계신 하나님이시라 그가 느부갓네살 왕에게 후일에 될 일을 알게 하셨나이다 (다니엘 2:28)

4. 바벨론의 총독이 된 다니엘

말씀듣기

1. 느부갓네살 왕은 지혜로운 다니엘을 총독으로 뽑았어요.
2. 하나님께서 다니엘을 바벨론의 모든 사람 위에 뛰어나게 하셨어요.
3. 다니엘은 하나님께서 주신 지혜로 바벨론을 다스렸어요.

하나님의 말씀을 듣고, 따라서 쓰고, 외워보세요

다니엘은 마음이 민첩하여 총리들과 고관들 위에 뛰어나므로 왕이 그를 세워 전국을 다스리게 하고자 한지라

(다니엘 6:3)

5. 왕의 명령을 어기고 기도하다

말씀듣기

1. 다니엘을 시기하는 바벨론의 총리들이 그를 모함하였어요.
2. 왕 외에 어떤 신이나 사람에게 무엇이라도 구하지 못하게 하였어요.
3. 다니엘은 왕의 조서가 내렸음에도 하나님께 기도하기를 쉬지 않았어요.

하나님의 말씀을 듣고, 따라서 쓰고, 외워보세요

예루살렘으로 향한 창문을 열고 전에 하던 대로 하루 세 번씩 무릎을 꿇고 기도하며 그의 하나님께 감사하였더라

(다니엘 6:10 하)

6. 사자들의 입을 막아주신 하나님

말씀듣기

1. 다니엘은 왕의 명령을 지키지 않아 그 벌로 사자굴에 던져졌어요.
2. 다니엘이 하나님께 믿음을 지켰듯이 하나님께서 다니엘을 지켜 주셨어요.
3. 다니엘이 살아있자, 다리오 왕은 하나님을 찬양하고, 그를 모함했던 사람들을 사자굴에 던졌어요.

하나님의 말씀을 듣고, 따라서 쓰고, 외워보세요

그들이 다니엘을 굴에서 올린즉 그의 몸이 조금도 상하지 아니하였으니 이는 그가 자기의 하나님을 믿음이었더라
(다니엘 6:23 하)

숨은그림찾기

사자굴에서 끌어 올려진 다니엘은 몸이 한 군데도 상하지 않았어요. 다리오 왕은 크게 기뻐했답니다.
그림속에 복숭아, 버섯, 고추, 사과, 오이, 바나나, 가지가 숨어 있어요. 잘 찾아 보아요.^^ (정답은 16p에)

다른그림찾기

오른쪽 그림이 왼쪽그림과 다른 부분이 5군데 있어요
잘 찾아 보아요. ^^(정답은 16p에)

한치호 목사

약력

저자는 총신대학 신학대학원을 졸업하였으며 비브리칼 국제대학원에서 목회학박사를 받았고 이후 기독교 문서선교회 편집장과 월간주일학교 교사의 벗 편집장을 역임하고 현, 한국기독교 문화선교회 대표로서 오랫동안 어린이 문서 선교의 보급에 최선을 다하여 노력하고 있습니다.
주요 저서로는 '자녀를 위한 손안의 기도시리즈(전6권)'와 '어린이 모범기도문' '주일학교는 반목회다' '자녀를 위한 365일 축복기도문' 그 외 다수가 있습니다. 저자 연락처 : E-mail : penpray@naver.com

이우정 작가

약력

서울에서 태어났으며 오랫동안 어린이책, 시사잡지, 신앙도서 등 여러 지면에 그림을 그려왔습니다. 사랑하는 어린이들에게 예수님을 전하는 꿈을 안고 지금도 아름다운 신앙그림을 그리고자 노력하고 있습니다.
주요작품으로는 '우리가 알아야 할 우리 이야기 100가지', '참 부자로 만드는 돈이야기', '아기하마를 찾아라', '삼국지 고사성어', '우리아이 첫 색칠성경' 등과 창작그림묵상집 '나는 하나님의 소중한 작품이에요'가 있습니다. 현재 양수리에서 시도 쓰며 작품생활하고 있습니다.

정답 : 숨은 그림찾기(14p) / 다른 그림찾기(15p)

믿음쑥쑥 지혜쏙쏙 듣고 따라쓰며 색칠하는 그림성경

구약10 자기를 지켜 더럽히지않은 다니엘

초판1쇄 인쇄 : 2013년 9월 4일
발행 : 2013년 9월 9일

글 그림 : 한치호 / 이우정
발 행 인 : 민태근
발 행 처 : 도서출판 일오삼
등록 번호 : 제5-485호
주 소 : 서울 중랑구 면목2동 183-92
전 화 : 02) 964-6993
팩 스 : 02) 2208-0153
이 메 일 : 153books@hanmail.net

ISBN 978-89-89236-87-0
ISBN 978-89-89236-65-8(셋트)

* 이 책에 인용된 성경은 (개역개정)을 사용하였습니다.